U0068095

給中學生的

時間管理術

文—謝其濬　漫畫—YINYIN
協力指導—iVicon 隱陸達通國際教育事業
時間管理大師史蒂芬·科維 7-HABITS 授權教授單位

給中學生的時間管理術

目錄

企劃緣起 **從十三歲開始，培養面向未來的關鍵能力！** 04

專家推薦 **好習慣，成就人的一生** 08

第一章 **觀念篇**：時間管理，從現在開始學習 11

第二章 **打擊八大時間管理痛點**

建立優先順序

1 痛點 **我每天都忙得團團轉，忙到半夜才睡覺，卻什麼事都沒做好……** 23

解決方案：三步驟，培養優先順序的管理能力 35

2 痛點 **我很難拒絕朋友的邀約或請求，結果事情老是做不完……** 45

解決方案：有技巧的向朋友說「NO」 58

避免不斷拖延

3 痛點 不喜歡或覺得困難的事情，我習慣拖到最後才做……
解決方案：四大戰術，戰勝你的拖延習性 63 74

4 痛點 我希望每件事都可以做到最好，結果經常來不及完成……
解決方案：三大方案，打擊「完美主義症候群」 83 94

打擊時間小偷

5 痛點 我想專心，卻總是一個不小心就分心了……
解決方案：四大策略，打擊分心大作戰 101 112

6 痛點 東西又找不到了！我老是花時間在找東西……
解決方案：四大類型，對抗混亂大作戰 121 132

徹底規畫執行

7 痛點 考前我總是很慌亂，這麼多科目不知道該怎麼準備……
解決方案：三步驟，「考前恐慌症」BYE BYE 143 154

8 痛點 我很認真做了規畫，但總是沒有辦法好好執行……
解決方案：三步驟，提升計畫執行力 165 176

企劃緣起

從十三歲開始，培養面向未來的關鍵能力！

文／親子天下董事長兼執行長　何琦瑜

寫給讀這本書的少年們：

打開這本書的你，可能每天被考不完的試、寫不完的功課，或總是背了又忘、忘了又要背的課本，霸占了多數的青春時光。也或許你看穿一切，根本已經放棄；或是你正在學校裡打混，想辦法在老師和父母所給的壓力夾縫中求生存。不論如何，偶爾在你發呆、打手遊、看Youtube的餘暇中，或是埋首功課煩悶的夜晚，一定曾經想過：這一切，所為何來啊？白話翻譯就是，我現在花這麼多時間做的事情、學的這些東西，到底以後，是可以幹嘛的呢？

如果你腦海裡曾經閃過這個「大哉問」，恭喜你，這代表你開始對自己的未來有所想像和期許！如果你試圖主動思考、想要安排規劃「你的人生」

（而不是你爸爸媽媽交代而勉強去做的喔），那麼這個系列「從十三歲開始」，就是為你準備的。

學校沒有教，卻更重要的事

你對自己的未來有什麼夢想和期許？想當畫家或歌手？銀行家或老師？或是你根本沒想那麼遠，只想變瘦一點讓自己更有自信，或是想要多交朋友讓自己更快樂；也許你希望英文變好一點可以環遊世界，或是可以更有效率的通過考試念到好高中或大學……，不論那個「未來」是遠是近，是什麼樣的圖像，只要你想要「改變」什麼，「完成」什麼，你就已經開始學習，為自己的人生掌舵。就像開飛機或開車，你得要先經過駕訓班，裝備一些開車開飛機的基本概念、操作技術和能力認證，才能上路；「掌舵」你自己的未來，也需要裝備一些「關鍵能力」，能夠幫你更快實現夢想、達成目標、真正負起責任，並取得別人的授權與信任。

這些必須裝備的「關鍵能力」包含：

- 認識自己的長處和優勢、懂得為自己設定方向的目標力
- 計畫、改善、行動的執行力
- 獨立思考、解讀判斷的思辨力
- 用文字和口語，論情說理、表述清晰的溝通力
- 與他人相處、合作、交往的人際力

【十三歲就開始】是陸續往這些關鍵能力發展成書的系列。書裡面沒有「老人的教訓」，而是幫助你上路的「使用說明」。因為我相信，開始讀這本書的你，一定是個極有主見，而且時時想要讓自己更好的讀者。你聽的嘮叨夠多了，我們不必多加贅言。所以，我們替你綜整各方各派有用的方法和工具，深入了解這個年紀開始碰到的「痛點」，提供具體的「行動方案」。書裡各式各樣發生在生活裡的難題和故事，也幫助你提前想一想：如果換做我是主角，面對同樣的兩難，我會怎麼做？

這個系列中各書的主題，都是你馬上用得到，生活裡就能馬上練習的能

力。有時間和心力的話，你可以照表操課，不斷演練改進。若沒有餘裕，也可以讀一讀書，找到一、兩個適用的工具或提醒，謹記在心，潛移默化的向目標前進。

有些大人認為，少年人都沒有韌性和毅力。我不相信這個說法，相信你也不會服氣。【十三歲就開始】這個系列，就是希望能陪伴有志氣的你，務實做好面對世界、面對未來的準備。讓你有信心的說：「相信我，我做得到！Yes I can !」

專家推薦

好習慣，成就人的一生

文／隱睦達通國際教育事業執行長　劉倬宇

你知道你的行為有95%是被習慣所控制嗎？

我們每個人每天都有自己想做與必須要做的事，而且事情的複雜度通常會隨著年齡增長，越多、越大、越複雜。這時候，好的做事習慣會讓你游刃有餘，讓你凡事能夠帶著熱情和快樂，沒有焦急擔心，一步一步有系統的完成事情，邁向你的目標和夢想。

時代雜誌（Time Magazine）評選為全美二十五位最有影響力的人物之一——史蒂芬．柯維（Stephen Covey）博士指出：「一個壞習慣能夠毀了一個人的一生，一個好習慣能夠成就一個人的一生。」習慣是不經思考，就可去做的事情。這個看似再簡單不過的動作卻是影響我們的人生非常重要的因素。例如：走一樣的路上下學、每次看書從頭開始看。而每個人面對時間的態度也一樣，為什麼會有拖延、混亂、不清楚優先順序等等的情況？這些都是在不知不覺中所養成的習慣。這些看似再平凡不過的行為，卻深深影響著我們的人生。

每次美國太空總署（NASA）在太空梭發射前，需要大約一萬名工程師在半年內，反覆不斷的進行維修、測試、檢查、整合，確保太空梭的每一部分正確無誤，才能成就一次成功的發射。雖然這件事情的複雜度高，時間與資源的掌控要求精確，但是在一個好的系統（方法）管理下，可以讓每個人改變不好的習慣，按部就班的完成任務。在發射升空的一剎那，當太空梭脫離地球引力飛向太空，所有參與其中的人慶祝歡呼，又完成了一次偉大的目標。

一個人一天的行為中大約只有5％是屬於非習慣性的。習慣是無聲無形，我們看不到也摸不到，卻隨時隨地跟著我們，影響我們的行為。習慣決定我們的性格、念書方法、做事情成功和失敗。只有學習好的方法，像是正確的時間管理，透過持續的練習養成習慣，你將會發現做事越來越有效率，面對挑戰也會越來越有自信。

第1章

觀念篇

時間管理，從現在開始學習

你有這樣的煩惱嗎？

每天早上，從一睜開眼睛，就開始忙個不停，急急忙忙的上學、補習、參加社團活動。回到家，又是寫不完的作業，還有念不完的書。明明過得是又忙又累，可是，考試成績老是不理想，生活也是一團亂。

看看別人的狀況，卻會發現有些人既不急，又不忙，可是卻能把生活過得井然有序，不但成績好，而且社團活動的表現也不錯，真是讓人羨慕不已。

「為什麼他做得到，而我卻做不到呢？」你的心中不禁浮現這樣的疑問。你認為，對方可以把學業、生活、社團都經營得面面俱到，原因是什麼呢？

一、因為上天特別眷顧他，給了他一個好腦袋。

二、因為他就是很用功，很努力，每天都在家K書到深夜。

三、因為他會時間管理。

如果你選的答案是一，代表你相信天賦決定一切，只有腦袋好的人，才能把事情做好、把生活過好，但是，真的是這樣嗎？一個人即使很聰明，如果他不懂得運用時間的方法，還是可能浪費寶貴的時間，把生活過得一團亂。

如果你選的答案是二，代表你認為一定要非常努力、用功，才能把事情做好，把生活過好。不過，你一定也聽過「把力氣花在刀口上」這種說法，如果你非常努力、用功，但是都把時間、力氣用在沒必要的地方，結果不但自己累壞了，效果也不理想。

如果你選的答案是三，代表你已經知道「時間管理」的重要性了。好消息是，時間管理是可以學習的，而且，學起來一點也不難。

什麼是時間管理？

時間管理，就是懂得如何分配時間、運用時間，最後能夠有效的達成我們預定的目標。

透過時間管理，你可以根據個人的目標，規畫讀書、做事的進度，有效的執行，在期限內順利完成，不需要總是忙得筋疲力竭，也不必總要在考前才開始通宵苦讀。

在日常生活中，時間管理可以應用在哪些事情上呢？

- ☑ **生活習慣**：早起、上學不遲到、規律的作息等。
- ☑ **課業**：讀書進度、完成作業、準備考試等。
- ☑ **活動**：社團活動、旅行、參加比賽等。
- ☑ **個人成長**：課外閱讀、才藝學習、生涯探索等。

未來，當你進入職場，開始工作，時間管理所發揮的效果，更是經營職涯的重要關鍵。

CHECK 你需要時間管理嗎？

	是	否
1. 我總是很忙，但是事情總是做不完。	□	□
2. 我總是同時做好幾件事。	□	□
3. 我做事時沒有目標，想到什麼就做什麼。	□	□
4. 我沒有制定時間計畫的習慣。	□	□
5. 我很容易分心。	□	□
6. 我有拖延的習慣。	□	□
7. 我不擅於拒絕他人，總是在忙別人的事。	□	□
8. 我經常浪費時間在瑣碎的小事上。	□	□
9. 只我希望把事情做得完美，反而難以完成。	□	□
10. 不論是上學或赴約，我老是遲到。	□	□
11. 我經常花很多時間找東西。	□	□
12. 每天要做的事很多，我都不知從何做起。	□	□

以上十二個問題，如果你的答案中，「是」占了四個以上，代表你不擅於時間管理，即使很忙，也忙得沒有章法，你需要好好學習時間管理，幫助自己有效的運用時間，完成目標與計畫。

為什麼要學習時間管理？

如果給你一大筆金錢，但是你完全不懂得如何使用，看到什麼就買什麼，隨意浪費的結果，就是當你遇到真正需要或是想要的東西時，反而掏不出錢了。

所謂「時間就是金錢」，人在一生中所擁有的時間，其實是有限的，如果你經常把時間浪費在無意義、沒必要的事情上，那些對你來說很重要、很有價值的事，你反而沒有時間完成。

因此，時間管理的真諦，並不是要你每天跟時間賽跑，用計畫填滿所有的時間，而是能夠找出生活的目標，不必耗費太多時間，也能按部就班的完成計畫。

最重要的是，做好時間管理，我們會有更多時間去做想做的事。每天忙著上學、補習、寫作業、準備考試之外，你一定也希望留下一點時間給自己，而時間管理就是讓你除了做好必須要做的事情之外，仍然有時間去做自己想做的事。

總之，養成時間管理的習慣，你會獲得以下幾件「禮物」：

- **生活有目標。**
- **能夠有效率的利用時間，完成計畫。**
- **有比較多的時間去做自己想做的事。**
- **作息正常，生活有規律。**
- **守時、做事有秩序，能讓人有信賴感。**

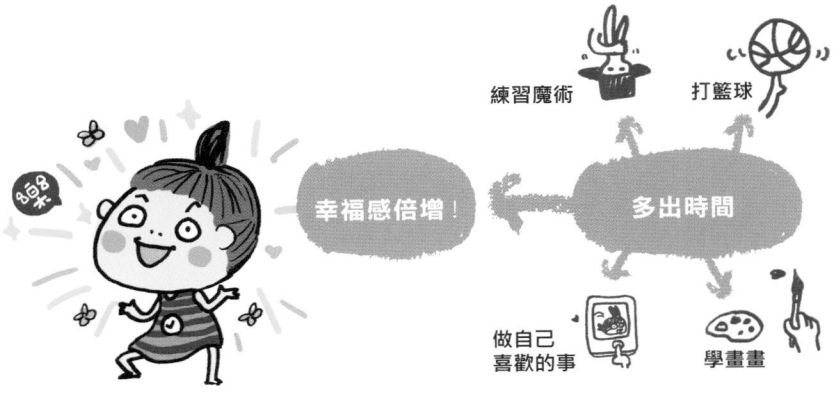

使用本書的方法：

本書特別列出中學生最容易遇到的時間管理八大痛點，提供簡單、可行的解決方案。每個痛點的解說都包含了：

每一則痛點會先以漫畫故事開場，讓漫畫人物先帶領你找出時間管理的問題點。不擅於時間管理，有很多不同的原因，透過每單元開場的小漫畫，找出問題點在哪裡。

漫畫故事之後，先想一想平常遇到這樣的問題，你會怎麼做？

進一步解說痛點形成的原因，找出真正問題的所在。

透過測試，了解自己在時間的運用上，是否存在著該問題點。

使用本書時，你可以按照順序，從第一單元進行到第八單元，如果你很清楚自己的問題點，也可以直接從你覺得有幫助的問題點，開始研讀。

學習問題點的解決方案。如果測試的結果證明你有類似的問題，你可以參考本書提供的解決方案和工具，運用在實際生活中。

條列出章節重點，你可以重溫概念，也能更加清楚要改善的重點。

每個單元都提供了延展練習，幫助你將這些時間管理的技巧，運用得更為熟練。

最後一個單元是情境習作，這是一個綜合性的練習。透過情境的設定，請你運用前面的行動方案來執行，看你的應用指數有多高？

漫畫人物介紹

接下來的每一個單元，都會由這幾位可愛的漫畫人物來帶領你找出時間管理的問題點，他們每個人都有一些時間管理上的毛病，找找看誰的狀況跟你最相近，跟著他們一起解決這些惱人的小麻煩吧！

小艾

班上的學藝股長，熱心助人，手工很強，作壁報等活動都少不了她，但個性迷糊，時間觀念很差，每天都過得像打仗般的匆忙。

茵茵

班上的人氣王，功課不錯，但自我要求高，總是給自己很大的壓力，經常演出期限前狂奔的戲碼。

小艾的姊姊，大學生。時間管理非常有一套，經常受不了小艾這群小孩子的亂七八糟，有時候會出面教他們一些方法，被他們當成女神般的崇拜。

明軒的好朋友，個性溫和，不太懂得如何拒絕朋友；讀書上課的時候容易分心，是他最大的罩門。

體育健將，熱愛運動，但個人管理一團糟，除了打球很認真之外，其他興趣缺缺的事情都喜歡拖延或者敷衍。

1. 時間管理，就是懂得如何分配時間、運用時間，最後能夠有效達成預定的目標。
2. 時間管理可以廣泛運用在生活習慣、學業、活動，以及個人成長等面向。
3. 時間管理，並不是要你在時間內填滿計畫，而是找出目標，用最有效的方式完成計畫。
4. 做好時間管理，我們會有更多時間去做想做的事。

痛點 1
我每天都忙得團團轉，忙到半夜才睡覺，卻什麼事都沒做好……

功課、社團、補習……
怎樣才能樣樣兼顧呢？

今天就到這裡，兩張習題發下去。
明天隨堂小考，大家一定要複習哦，下課。
喘喘？
喘
喘？
唉，兩張國文作業、數學講義、還有英文習作……
小艾，我們要去補習班，順便吃晚餐。
一起走吧！
不行耶，我要去做校慶的道具……
好吧！真可惜。
真好啊。
GO！
打球啦！

才藝教室
我來了，我來了。
小艾。
快救我們～
校慶道具就靠你了。
呵呵，沒什麼啦！
不愧是學藝股長。
還是小艾厲害。
啊，七點了！
遲到了！
遲到了啦！
賓全文理補習班
勝英文
卓越數學

啪
老師講到下一篇了。

咻!

回來啦！
作業寫完來吃宵夜吧。

滴答
滴答

ZZZ
ZZZ
好睏，先來作道具好了。

我回來了。

12點該睡覺了。
12點了……
作業沒寫完
道具沒做完
考試都沒讀……
事情這麼多，
時間根本不夠用啊!!

如果你是小艾，你會怎麼做呢？

1. 事情實在太多了，跑去請老師減少作業的分量。
2. 每件事都做一點點，有做總比沒做好。
3. 不要等回家才做，在學校先利用下課時間做一點。
4. 挑一件最重要的事，專注的做完，其他的再看情況而定。

讓我們看看小艾的問題吧。她的煩惱是很忙，既要照顧學校功課，她也是社團裡的重要成員，有社團的工作要做，除此之外還要補習，回家後要準備功課跟考試，事情真的多到做不完。但真的是因為時間太少了，還是因為她不會分配時間呢？

如果你選擇的答案是一，老師可能會回答你：「其他的同學都能寫完功課，為什麼你寫不完呢？」結果就是拒絕了你的要求。

如果你選擇的答案是二，結果就是，你雖然都做了，但是都沒做完，也沒做好，這樣不是很可惜嗎？

如果你選擇的答案是三，利用下課時先做一點，這麼一來，的確有助於減輕晚上的分量，但是，你就得犧牲下課的休息時間了。你願意這麼做嗎？

如果你選擇的答案是四，因為你把時間專注於使用在最重要的事，因此，完成的機率就提高。但是，在那麼多件需要完成的事情中，你知道哪件事情應該先著手進行，哪件事情可以暫時延後嗎？

為什麼要列出事情的優先順序？

讓我們來做個實驗吧！

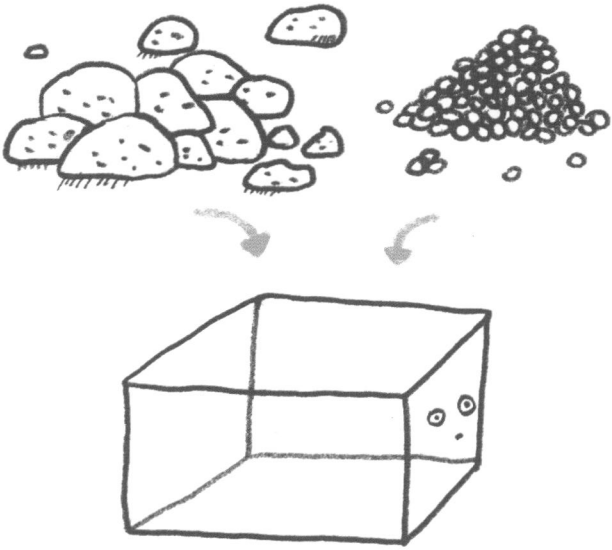

這裡有一個水缸，還有一堆大石頭與小石頭，數量剛剛好可以塞滿水缸，如果請你將這些石頭全部放入水缸裡，你會怎麼做呢？

A.

先把小石頭倒進大水缸中，
接下來才開始擺進大石頭。

B.

先擺大石頭，
再倒進小石頭。

在這個實驗裡，如果你選擇**A**，先把小石頭倒進大水缸中，接下來才開始擺進大石頭，你可能會發現，好像沒辦法將所有的大石頭都擺進去。

但是，如果你換個做法，用**B**的方式，先擺大石頭，再倒進小石頭，你就會發現，很奇妙的，大石頭跟小石頭都能放進去了。

時間的運用，也是同樣的道理。重要的事，就是大石頭；不重要的事，就是小石頭。

每一天只有二十四小時，時間有限，當我們先把時間用在重要的事情上，通常可以順利完成，剩下來的時間，你可以用於比較次要的事情上，或是選擇休息。

相反的，如果我們先做無關緊要的事，最後就沒時間完成重要的事情。

因此，要解決這種「很忙」，但是忙得沒有章法的問題，就要找出事情的優先順序，先做重要的事情。

CHECK

你總是在跟時間賽跑嗎？

	是	否
1. 每天總覺得時間不夠用。	☐	☐
2. 覺得自己做了很多事，但是都沒做完。	☐	☐
3. 忙得沒有時間做自己想做的事。	☐	☐
4. 經常忙到深夜才入睡。	☐	☐
5. 當朋友有事找我幫忙，我經常是來者不拒。	☐	☐
6. 手邊經常同時在忙三、四件事。	☐	☐
7. 考試前夕，書總是念不完。	☐	☐
8. 總是很羨慕別人有時間做他們想做的事。	☐	☐

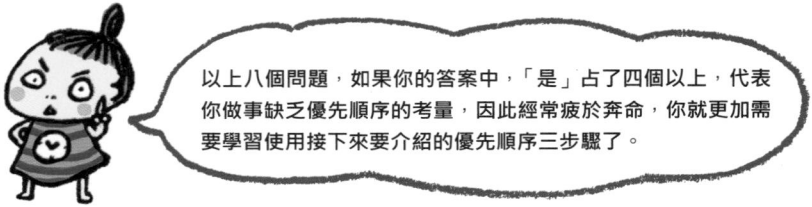

三步驟，培養優先順序的管理能力

每天要做的事那麼多，你知道該怎麼安排事情的優先順序嗎？

1 檢視你的一日作息

首先，讓我們來檢視一下你的一天之中有多少事情需要做。請用下面這張「一日作息檢視表」，將一天中所做的事條列出來。以小艾為例，看似亂糟糟的一天，整理出來以後，就可以看到小艾每天要做的事情大概有哪些，以及她有多少的空餘時間可以利用。

我的一日作息檢視表－以小艾為例

序號	時間	事項	備註
1	6:00–6:30	起床	
2	7:30	到校	
3	8:00–16:00	上課	
4	16:00	放學	
5	16:00–18:00	社團活動的道具製作	一星期後交
6	18:00–19:00	和同學（或回家）吃晚餐	
7	19:00–21:00	補習	
8	21:30	到家	
9	21:30–22:30	洗澡、上臉書、看連續劇	
10	22:30–24:00	做功課： 國文考卷一張 英文考卷一張 準備考試： 國文小考 繼續做道具	
11	24:00	上床睡覺	

2 找出重要的事

請將一日作息表中的事項，放入「時間管理矩陣圖」中。

時間管理矩陣圖－以小艾為例

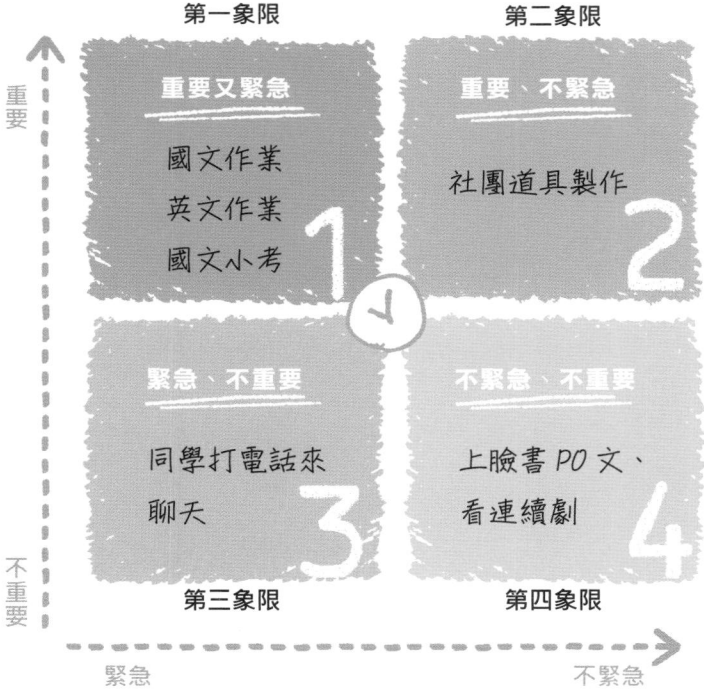

在圖的左上方（第一象限），請列入你覺得**很重要而且緊急的事**，
➡ 比方說：明天的考試、明天要交的作業等。

在圖的右上方（第二象限），請列入**重要，但是不緊急的事情**，
➡ 比方說，安排讀書計畫、增進自己的能力、運動習慣的養成、人際關係的建立等。

在圖的左下方（第三象限），則是列入**緊急，但是不重要的事**，
➡ 比方說，干擾、他人希望你做的事，或是各種必須馬上去做的急事。

在圖的右下方（第四象限），則是列入**不重要，也不緊急的事**，
➡ 比方說，跟朋友在網路上閒聊、花過多的時間看電視，或是其他浪費時間的事。

填完之後，看看在這張矩陣圖中，你一天的作息，特別是課餘的時間，多半落在哪一個象限呢？

最好的狀況，應該是要落在第一、第二象限，如果你落在第三、第四象限的事情太多，代表你花了太多時間在不重要的事情上，沒有時間去做重要的事，結果事情不是做不完，就是做不好。以小艾的狀況而言，她確實有做到將最多時間花在第一與第二象限上，但是這兩個象限卻沒有掌控好，她現在需要調整的是將一個星期後要做的社團道具，控制在固定時間內，晚上回家就得專心做功課跟準備考試了。

利用這個時間管理的矩陣圖，檢視自己一天的作息後，找出事情的優先順序，你應該把時間分配在重要的事情上，停止先去做那些既不重要，也不緊急的事。

這麼一來，你就會發現，自己花的時間變少了，但是完成的事情變多了，被功課追著跑的焦慮也會減輕了。

你甚至還可以觀察，自己每天最清醒、精神最好的時段是什麼，把最重要、最有價值的事情，放在這個時段進行，可以達到事半功倍的效果。

3 重新安排自己的一日作息表

透過一日作息檢視表以及時間管理矩陣圖，了解自己的作息以及這些事情的優先順序後，請重新再安排一次自己的一日作息。

當你可以有效率的安排一天的作息，你的下一個挑戰，就是把時間的週期，從一天延長為一個星期、一個月，甚至是一整個學期。

1. 一天只有二十四小時，每個人每天所運用的時間都是有限的。
2. 根據時間管理矩陣圖，釐清每件事的重要順位。
3. 將時間專注於重要的事情，停止去做那些不重要也不緊急的事。
4. 從一日的作息檢視，延展為一個星期、一個月、一個學期、一年，最後擴大到人生的自我檢視。

延展練習

1 列出你覺得「最重要的」三、四件事。

2 想想看，人生中最重要的人際關係是什麼？

3 思考你一生中最希望有什麼貢獻？

4 假設你只剩下六個月的生命，想想這六個月要做什麼？

我的一日作息檢視表

小工具 好用

序號	時間	事項	備註

這是能夠幫你檢視與規畫優先順序的表格，這個表格除了可以檢視自己的一天作息之外，也可以當作時間的規畫表。檢查今天的作息，規畫明天的作息，你可以利用每天睡前十分鐘進行一次。依照這樣的方式不斷的檢查與修正，相信你很快可以抓到訣竅，不再被事情追著跑。

時間管理矩陣圖

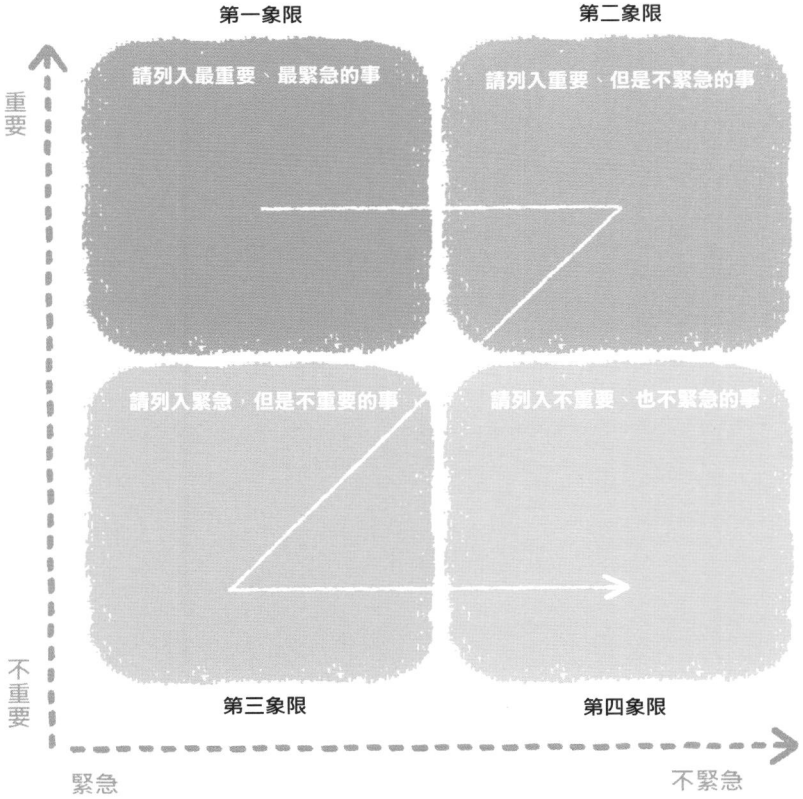

安排好你的時間管理矩陣後，接下來就要執行「Z」的行動方案。也就是從最重要的第一象限開始執行，接著依序是第二、第三，最後是第四象限，正好形成了一個 Z 字型。

痛點 2
我很難拒絕朋友的邀約或請求，
結果事情老是做不完……

友情與重要的事情該怎麼衡量呢？

週日
天啊！我最喜歡的樂團要來開演唱會。
小艾，拜託幫我買票！
我在台中外婆家，回不去！
下午要開賣啦！
可是今天下午……
沒買到會後悔一輩子！
拜託啦！
你是我最好的朋友，對不對？
嗯嗯，好吧！
YA！最愛小艾了！
本來約好要去做道具的……
只好買到票再去了。
是明軒他們……

秉鈞，你怎麼了？

比賽贏定啦！

可是明軒很重視比賽，
如果我打不好……

天天都練球，
沒去才藝班，被我爸罵了！
我也有其他事要做啊！

男生也有男生的煩惱啊！

小艾，下週比賽來幫我們加油吧！
秉鈞，我們一定要贏啊！

唔，售票亭在……
售票亭
大排長龍

哇——啊

都過中午了。
會來不及去學校做道具。

怎麼辦？要繼續排嗎？
唔……
嗯……

你是我最好的朋友
唔……
嗯……
找姊姊來幫忙排好了。
沒、沒帶手機……
雖然買到票了，
大家也都走了。
我回來了。
小艾，你跑去哪了？
今天是爺爺生日耶！

如果你是小艾或秉鈞，你會怎麼做呢？

1. 不管如何，朋友最重要，決定把自己的事放一邊，全力完成朋友的請求。
2. 自己的事最重要，嚴詞拒絕朋友的請求。
3. 編造自己生病為由，推掉朋友的要求。
4. 拒絕朋友的請求，但是委婉的說明原因，爭取對方的諒解。

小艾與秉鈞面臨的兩難，相信你也一定遭遇過。

我們生活在一個群體的社會中，人與人之間，需要相互支持與幫助，當朋友開口請求協助時，通常我們很願意伸出援手。

但是，每個人的時間都是固定的，當我們把時間花在幫朋友忙，可能就沒有時間去做自己要完成的事了。但是，如果直接跟朋友說「NO」，又擔心會影響彼此的友誼。

如果你選擇的答案是一，你因為完成了朋友的要求，朋友覺得你真的很有義氣，不過，因為要幫忙朋友的忙，你沒有時間做自己的事。

如果你選擇的答案是二，直接拒絕了對方，朋友對你感到很失望，你可能從此失去了這個朋友。

如果你選擇的答案是三，一來不得罪朋友，二來又有時間去做自己的事，不過，仍然有個後遺症，就是你編造的理由，可能會穿幫。

如果你選擇的答案是四，除了有時間完成自己的事，又能得到對方的諒解，似乎再好不過了。但是，該怎麼說「NO」，才能繼續維持友誼呢？

為什麼要學習說「NO」？

現在先讓我們來作一個實驗。

請你準備幾個氣球，在每個氣球上寫下現實生活中你所扮演的角色。以小艾為例，她是父母的「女兒」、社團的「道具製作組」、茵茵的好「朋友」、爺爺的「孫女」、需要到學校上課的「學生」、班級的「學藝股長」，至少身兼六個角色。

當你寫完這些氣球之後，把氣球往上拋，看看可以接到幾個？你會發現，要接到所有的氣球簡直就是不可能的任務。

接著，請你仔細想一想，挑選出你認為現階段最重要的三個角色，再做一次，要全部接到這些氣球，是不是變得簡單多了？

現實生活中也是一樣，我們身兼很多角色，如果要同時兼顧這些角色，將會非常辛苦，一不小心就會搞砸，跟故事中的小艾一樣。在中學時期，友誼是很重要的事，朋友的角色無疑是很重要的課題。

很多人以為「來者不拒」才是維持友誼的方式，這其實是錯誤的觀念。想像一下，當你必須把更重要的事擺在一邊，勉強自己去完成朋友的請託，你的心中一定相當不情願，如果這種狀況經常發生，長期累積成不愉快的情緒，最後反而會成為人際關係的導火線。

在前面的單元中，我們提到了時間管理的基本法則，就是找出事情的輕重緩急，列出優先順序，再決定該如何安排時間、使用時間。對於不同時機，何種角色比較重要，也同樣要衡量輕重緩急。

為了把時間用在重要的事情上，對於那些在優先順序中，屬於比較不重要的事，我們就得學習說「NO」。

哪些是我們應該說「NO」的事情呢？

- ☑ **對你來說，一點都不重要的事。**
- ☑ **當你有更重要的事必須完成時，朋友請求你幫忙的事。**
- ☑ **朋友希望你幫忙，但是虛耗時間的事。**

你可能有個疑問：「當朋友找我幫忙時，我拒絕了對方，這麼一來，誰願意跟我做朋友呢？」當然，向不重要的事情說「NO」，目的是要讓你專注在真正重要的事。這不是鼓勵你凡事只考慮到自己，而是提醒你在面對朋友的邀約和請求時，一定要先考慮事情的輕重緩急、優先順序。如果你把時間都花在滿足別人的願望上，等到你必須完成自己該做的事情時，反而就沒有時間了。

CHECK 你總是「來者不拒」嗎？

	是	否
1. 只要朋友找我幫忙，我一定盡全力滿足他。	□	□
2. 為了幫朋友的忙，我願意把自己的事先擺在一邊。	□	□
3. 我很少拒絕他人，這麼做會傷害我們之間的友誼。	□	□
4. 拒絕別人，會讓我感到內疚。	□	□
5. 面對別人的請求，即使我想拒絕，對方總是能夠說服我接受。	□	□
6. 身邊的朋友似乎都很輕鬆，可是我常為了他們的事而忙碌不堪。	□	□
7. 朋友經常向我傾吐心事，卻不在意我是否有時間聆聽。	□	□
8. 我是朋友眼中的「救火隊」，凡事都想找我幫忙。	□	□

以上八個問題，如果你的答案中，「是」占了四個以上，代表你可能花了太多時間去滿足別人的需求，反而沒有時間專注於重要的事，因此你必須學習向他人說「NO」。

有技巧的向朋友說「NO」

當你覺得，朋友的要求或邀約，會讓你沒有時間去完成其他更重要、更緊急的事，你就應該鼓起勇氣說「NO」。

利用以下技巧來拒絕朋友的要求，不但對方比較能夠接受，自己也比較容易說出口。

◆幫對方找到替代方案

故事中，茵茵請求的事情，因為有時效性，非得在那個時間去買票，否則可能就買不到了。而小艾自己又得去做道具、還要幫爺爺慶生，實在抽不出時間幫茵茵的忙，這時候她可以提供其他的建議，或是幫她找有時間幫忙的人，即使最後並沒有真正幫忙對方解決問題，對方也會感受到，你真的很想幫忙，也的確盡力了。

◆ **為自己找到替代方案**

故事中秉鈞為了練球而影響課業，並且造成跟家人間的壓力。這時候的秉鈞可以跟隊友協調，為自己找一個替代方案，例如：先去補習，之後再作個人的加強，找自己可以的時間參加團練。這樣既可達到練習的目的，也可以兼顧自己的功課。

但如果沒有替代方案，也沒辦法更改時間時，只能對朋友說「NO」，這時你的態度就很重要，你可以：

◆ **爭取對方的諒解**

如果朋友想要請你幫忙的事情，實在沒有其他的替代方案，你可以跟對方這麼說：「我知道你現在需要幫助，但是我現在手邊真的有急事必須完成，如果不能如期完成，會對其他人帶來困擾，所以我真的沒辦法幫你的忙。」相信好朋友一定可以體諒你的難處。

◆強調你非常感謝對方

用感激或支持的方式表達拒絕，會讓你的「NO」聽起來不那麼直接，對方也比較能夠接受。你可以跟對方這麼說：「謝謝你願意找我幫忙，要不是我這個週末已經排滿了事情，實在抽不出時間，我真的非常樂意幫這個忙。」

◆提供另一個承諾

你可以告訴朋友，雖然沒有辦法幫忙，但是你仍然支持對方：「這次我因為有其他緊急的事要做，真的沒辦法抽出時間，如果下次你需要幫忙，我一定盡力為你解決問題。」

除了以上這些方法，在面對他人的請求時，最好先想想自己是否有時間去完成，再給對方答覆，盡量不要一開始答應了，後來又反悔，反反覆覆的態度，反而更容易影響你們之間的友誼。

1. 考慮事情的輕重緩急、優先順序後，要勇於說「NO」。
2. 說「NO」的目的，是讓自己有時間專注於更重要的事。
3. 有技巧的說「NO」，對方比較能夠聽進去，自己也比較容易說出口。
4. 面對朋友的邀約或請求時，一概來者不拒，並不是維繫友誼的正確方式。

延展練習

1 寫下你現階段的願望，以及重要的事。

2 列出一天之中，在你忙著完成的事情裡，哪些你應該要說「NO」？

3 好朋友找你看電影，可是你當天已經有其他的計畫，你會怎麼做？

4 除了前面提到的幾種說「NO」的技巧，還可以怎麼婉拒對方，而不會傷害到對方？

3 痛點
不喜歡或覺得困難的事情，
我習慣拖到最後才做……

面對不想做的事情，要怎樣才能「立刻開始」呢？

下課打球囉！
拜拜！
明天見
拜拜！
喔，是茵茵。
呃，嗨！
要不要一起來打球啊？
不了，好熱喔！
對了，陶土作業你要做什麼？
動都沒動。
還早咧，打球重要。

茵茵家
茵茵
作業只有捏陶嗎？
剩下數學，等一下再寫。
世界上為什麼要有數學？
真討厭。
明軒家
作業做了沒？
要做了
先破這關！
好啦，好啦！
咔咔
洗澡了沒？
等一下。
要、要洗了。
YA！升級啦！
咔咔
咔咔

啊～～～～

滴答滴……

我做的陶器，好擔心做不完。
好棒喔！
真快，我才剛開始弄。
厲害耶，幫我做。
你呢？你做什麼東西？
喔。貼給你看。

來打下一關吧！

還有兩天才要交。
大家幹嘛認真啊！
咔 咔

週日
作業做了沒？還打電動？
有啦，有啦。
今天假日耶！
咔咔
哈囉，要出去玩嗎？
明軒，你的陶土有多嗎？我的用完了。
呃，那個
嘟嘟嘟～
嘟嘟嘟
茵茵
完好!!
沒關係，我再問問看別人，拜拜。
呃，不是
嗯……
忘記明天要交。
這下糟了……

如果你是明軒，你會怎麼做呢？

1. 反正船到橋頭自然直，能夠在最後關頭趕出來就可以了。
2. 向家人或朋友討救兵，請他們幫忙。
3. 以生病為理由，希望老師網開一面，給自己補交的機會。
4. 立即開始動手去做。

其實大部分的人都跟明軒與茵茵一樣，有著拖延的問題。

遇到自己喜歡的事（像是打電動），當然二話不說，立刻投入，凡是自己討厭的事（讀書、做作業），就會自動列入「延後處理清單」，能夠明天再做的事，今天絕對不會動手，非要在「不得不完成」的壓力下，才會硬著頭皮去做。

如果你選擇的答案是一，代表你非要到了十萬火急的時刻，才願意開始動手，但是，熬夜完成作業，第二天又得帶著熊貓眼上學，而且多半完成的效果也不佳。

如果你選擇的答案是二，請別人幫忙，當然是解決問題的方法之一，前提是你必須確定家人或朋友有時間、也有意願幫助你。

如果你選擇的答案是三，代表你要為自己的拖延找藉口，並爭取老師的同情，但是這種方法只能用一次，畢竟老師的眼睛也是很雪亮的。

如果你選擇的答案是四，「立即開始」的確是戰勝拖延習性的最好策略，只是，口號說起來容易，要付諸行動卻很困難。

該怎麼做，才能產生「立即開始」的動力呢？

為什麼不願意立即動手去做？

很多事情，自己很討厭，但是又非做不可，於是自動將「開始」的時間往後延，直到截止期限到了，才開始趕工，搞得自己人仰馬翻。嘗過一次教訓後，你或許會暫時提醒自己：「下次一定要提早進行。」到了「下一次」，仍然再犯拖延的老毛病。

為什麼明明能夠現在動手做的事，你就是遲遲無法「開始」呢？

拖延習性，通常來自以下四種原因：

- ☑ **逃避心理。**
- ☑ **事情太難，不知道從哪裡開始下手。**
- ☑ **害怕做不好，會挨罵。**
- ☑ **內心的「小懶蟲」發作，就是沒有做事的意願。**

你可能會認為，「反正事情今天做，還是明天做，應該沒什麼差別，那就明天再開始吧！」但是，事情今天做，或是明天做，其實是有差別的：

◆ **拖延會增加「開始」的難度**：隨著截止期限漸漸逼近，你的時間壓力也會越來越大，反而會讓你越來越想逃避這件事，繼續拖延的話，「開始」也變得越來越困難。

◆ **拖延會增加「完成」的難度**：完成一件事，需要有充裕的時間，如果拖到最後關頭才開始動手，不但時間不夠，一旦發生突發狀況，你也會難以應付，讓「完成」變得更加困難。

現在，你應該知道，「立即開始」是多麼重要了吧。

CHECK

你有拖延的習性嗎？

	是	否
1. 遇到不喜歡的事，我總是擺到最後再做。	□	□
2. 我總是到了考試前一晚，才開始熬夜讀書。	□	□
3. 遇到困難或不喜歡的事，我經常要花很長的時間「熱身」。	□	□
4. 雖然今天能做，我總是想拖到明天再動手。	□	□
5. 我常在完成事情的期限前，花時間在瑣碎的小事上。	□	□
6. 只要心情不好，我就提不起精神讀書，或是做事。	□	□
7. 我總是能找到拖延事情的好理由。	□	□
8. 總是在最後的壓力之下，我才能把不喜歡的事情做完。	□	□

以上八個問題，如果你的答案中，「是」占了四個以上，代表你對於不喜歡的事情，習慣性拖延，只有在不得不完成的狀況下，才會開始動手處理，因此你必須學習克服拖延的習性，讓自己從容而準時的將事情完成。

四大戰術，戰勝你的拖延習性

當你面對一件很想拖延的事情時，請利用以下四大戰術，來戰勝你的拖延習性：

1 暫停對這件事下判斷

該讀的書沒讀，該做的作業沒做，很多人習慣找理由來合理化自己的拖延，比方說，「今天學校事情特別多」、「就是沒那個心情」、「累了，想上床睡覺」等等。想要拖延的原因，不外是「討厭」、「無聊」、「很多做不完」、「很困難」等等。當你遇到這樣的狀況時，首先你應該學會先暫停一下，深呼吸，先停止自己心中的抗拒感。

2 換個角度思考

很多人會覺得寫作業就是為了交代學校作業，做勞作是因為老師要我做，這是屬於比較消極的想法。其實你可以換一個方式來思考，利用下頁的「好處多多表」來幫助你。

請你畫出76頁的「好處多多表」，把你要做的事情條列寫下來，接著寫下做這件事情的結果是什麼？例如：開始寫英文作業，結果就是要完成今天老師交代的作業範圍。接下來請你想三個現在做完英文作業的好處。例如：剩下的時間可以無憂無慮的做我喜歡的事、明天不會被老師罵、英文會進步且可以跟得上進度等等。當你做了這些分析之後，你會發現趕緊做完這些想要拖延的事情，其實對自己好處多多！

好處多多表

事項	結果	好處
寫英文作業	完成作業	① 剩下的時間可以無憂無慮的做我喜歡的事 ② 明天不會被老師罵 ③ 英文會進步且可以跟得上進度
準備國文小考	讀完要考的範圍	① 擺脫考試的壓力 ② 國文成績進步
⋮	⋮	⋮

3 用「分解法」，各自擊破：

如果要你一次吃完一整個蛋糕，一定很難下嚥吧。如果將一個蛋糕分成十塊，一次吃一塊，是不是就輕鬆多了？

同樣的道理，當你把一件待辦的任務，分解成不同的部分，例如要背的英文單字有二十個，你可以先拆解成三部分，（1）已經比較熟的、（2）有印象但不熟的、（3）完全不熟的，再一部分一部分去背誦，原本二十個，拆解成六個、七個，是不是看起來少得多？一次只需要對付一部分，負擔變輕了，執行起來變容易了，你也不會有那麼強烈的抗拒心理。

如果你的時間越充裕，每天要完成的進度就會變得更輕鬆。那麼，該怎麼做，才會替自己爭到充裕的時間？答案很簡單，就是盡早開始。

英文單字×20
天啊…！
20個…好多！
背不起來啊！
這些早
記住了！
要背的才7個！
一下就背完了！
這些有印象！

4 完成任務後，獎勵自己

每次完成一個艱難的任務，事後給自己一點小小的獎賞，例如：背完英文單字可以上十分鐘臉書等。這麼做會提高你的成就感，下一次再面對自己沒興趣或是討厭的事，你就不會這麼想逃避了。

1. 拖延該做的事，只是增加這件事「開始」與「完成」的難度。
2. 戰勝拖延習性的第一件事，就是不要替自己的延遲找藉口。
3. 做事時，運用「分解法」，有助於減輕心理上的壓力。
4. 完成任務後，獎勵自己，會提升你下一次勇於開始的動機。

延展練習

1 想一想，自己習慣拖延的事情是什麼？為什麼？

2 寫下今天必須「立即開始」的事情。

3 請根據上一個練習的內容，訓練自己二十秒內馬上開始行動的決心。

4 如果你必須要在一個星期之內，背完一百五十個單字，你會怎麼做？

痛點
4
我希望每件事都可以做到最好，
結果經常來不及完成……
教學

時間有限，又想要做到完美，什麼才是恰到好處的完美主義？

你做什麼？
做得好，會被送去學生美展喔！
好好喔。
我要看你的。
我也要看。

呼呼，誰管他什麼美展呢。
有交就不錯了。

茵茵今天沒來……

感冒了嗎？

咲

還好趕上美術課了。

哇～
哇
哇
好厲害！
哇
好漂亮！

做到凌晨五點，所以才遲到了。

非常好，這件送去參加學生美展。
而明軒……

回去重做。
哈哈哈哈哈
噢，不～～～

茵茵幫忙美術組同學參加壁報比賽吧。
沒問題。

壁報交件日
我們把各自做的部分拼起來吧。
放學前要貼到穿堂。
茵茵，你的立體字好了嗎？
還沒耶。
重做了好幾次都不滿意，
等一下再給你。
呃，離放學前還有兩個小時，我幫你做吧。

噹噹噹噹噹？
快！
遲交會被扣分的。
哇
哇啊
痛！
咦？
老、老師！
天啊！
完了！
啊，對不起。

如果你是茵茵，你會怎麼做呢？

1. 一定要達到自己的標準，才肯罷休，做到自己滿意為止。
2. 在期限內做完比較重要，馬虎一點沒關係。
3. 跟校方要求，把期限延後，爭取多一點的時間。
4. 盡力在期限內完成，如果還是不滿意，也學習接受最後的成果。

看到自己辛苦完成的作品，最後遭到這樣的下場，茵茵一定感到很挫折。

在多數的狀況下，提高自己做事的標準，是件很好的事，唯一的例外，就是像茵茵這樣，時間已經所剩無幾了，還是舉棋不定、無法結束，造成拖延，結果反而把事情搞砸了。

如果你選擇的答案是一，追求完美的你，用一百分要求自己，當然很好，但是也因為一直無法滿足，結果就是無法在時間內完成。

如果你選擇的答案是二，你雖然準時完成了，但是做出來的成果並不理想，事後又會覺得懊悔。

如果你選擇的答案是三，假設學校願意將期限延後，讓你有更多的時間去修改，似乎是再好不過了，但是，對其他準時完成的人，卻不公平。

如果你選擇的答案是四，你如期完成，而成果雖不到理想的一百分，也還在自己可以接受的範圍內。

該怎麼做，才能讓自己的完美主義「恰到好處」呢？

為什麼要學習「剛剛好的完美主義」？

追求完美，把事情的標準訂得很高，其實是一項優點，正因為對自己有所要求，我們才會鞭策自我，把事情做得更好，也讓自己變得更好。

在有餘裕的時間裡努力把每個細節做到好，是一個很好的態度，但有時候為了追求成果的完美，卻沒有辦法確切的使用時間，造成進度延宕，結果反而令人失望。

就像是故事裡的茵茵，花了很多時間辛苦完成的作品，如果好好在期限內交稿，一定會有非常好的成績，但因為沒有掌握好時間，匆匆忙忙的結果，反而連作品都交不出來。或是為了堅持這件事情，而犧牲了其它同樣重要的事，例如：為了完美的做完勞作，卻沒有考慮到明天要上課。

「完美主義」的哪些症狀，會造成你無法掌握時間，因而沒辦法在期限內完成計畫呢？

- ☑ **缺乏做事的優先順序，在不重要的細節上斤斤計較。**
- ☑ **眼高手低，沒有事先評估所需的時間。**
- ☑ **只重視自我滿足，缺乏「期限感」。**
- ☑ **團隊合作時，每一件事情都想自己完成，無法分工、授權。**

「所以，我應該不再事事追求完美嗎？」你可能有這樣的疑問。其實，舉出上面的「完美主義症候群」，並不是鼓勵你降低標準，而是找出完美主義的盲點，並加以調整、改進。

換句話說，你應該要追求的是「剛剛好的完美主義」。

CHECK

你的完美指數有多高？

	是	否
1. 凡事我總是要做到一百分，才會感到滿意。	☐	☐
2. 我經常為了把事情做到最好，延誤了時間。	☐	☐
3. 因為我對自己要求很高，我常常感到很有壓力。	☐	☐
4. 小組合作時，我常常不放心把事情交給其他組員。	☐	☐
5. 我認為，做事如果無法做到完美，就失去了意義。	☐	☐
6. 我相信，只要努力，就能完美的完成一切。	☐	☐
7. 朋友眼中的我，是個很「龜毛」、挑剔的人。	☐	☐
8. 我無法忍受自己失敗。	☐	☐

以上八個問題，如果你的答案中，「是」占了四個以上，代表你是個完美主義者，自我要求很高，卻可能因此造成事情做不完的窘況，因此你必須學習在追求完美的同時，也能夠有效掌握時間。

三大方案，打擊「完美主義症候群」

追求「剛剛好的完美主義」，重點就在於打擊「完美主義症候群」，在不降低自我標準下，也能夠妥善運用時間，得到自己滿意的結果。

以下是打擊「完美主義症候群」的三大方案：

1 以「紅黃綠」分類法，為每件事設定標準

還記得在第一單元所提到的大石頭、小石頭的實驗嗎？因為水缸的空間有限，所以要先放大石頭，再放小石頭。因此，時間管理的第一課，就是找出最重要的事（大石頭），在有限的時間內，先做重要的事。

同樣的道理，當你在著手做任何事之前，也可以將事情分為紅、黃、綠三大類：紅色類型，代表最重要的事，不僅要做完還需要做到完美，例如：參加重要比賽的作品，就屬於這類；黃色類型，代表重要的事，要做好，但是以「做完」為標準，像是茵茵的美勞作業就屬於這一類。作業是為了要練習某一項技巧，最後的結果不像比賽作品那麼重要，做到完美固然很好，但是為此熬夜導致隔天的課沒辦法上，就有點本末倒置了；綠色類型，代表次要的事，可以先放到一邊去。

分類好之後，你可以根據期限安排時間，紅色事件安排最多時間，黃色事件次之，綠色事件有時間再做。但不管哪個分類，都要遵守最高指導原則——「期限內完成」。

2 培養「倒算力」

想要在有限的時間裡做到最完美，關鍵就在於你是否能有效運用時間。這時候你可以採用「倒算法」來幫助你。

首先，在一張白紙上寫下截止的時間，接著寫上你準備開始執行的時間。例如：壁報比賽的截止日是下週一的下午四點鐘，而你想要從今天，星期一下午下課後開始做。接下來，開始倒算，從截止日往前推，你會有多少時間可以來執行這件事。例如：週一到週五你只能利用放學後、補習前的一個小時，以及週六與週日下午，請把這些時間統統列出來。

接著，從截止日倒推回來，如果下週一要交件，你有多少事情要做？每一件事情大約需要多少時間？依照事情進行的順序與所需時間填寫上去。

這樣的一張表不僅可以讓你確實列出要做的所有事情、做好時間分配，也可以作為一種提醒，避免你在某個細節裡琢磨太久，因為當你延遲其中一個環節，接下來的每一件事情都會受到耽誤，最後可能導致交不出成品。

① 開始時間	週一 16：00	1 小時	討論壁報內容
	週二 16：00	1 小時	採購壁報材料
	週三 16：00	1 小時	壁報草圖設計
	週四 16：00	1 小時	壁報草圖設計
	週五 16：00	1 小時	上色
	週六 14：00-16：00	2 小時	上色完成
	週日 14：00-17：00	3 小時	作立體字
	下週一 12：00	1 小時	最後修改調整
② 截止時間	下週一 16：00	交稿	

④

③

- ① 設定開始的時間。
- ② 設定截止的時間。
- ③ 由下往上推有多少時間可用。
- ④ 由上往下填入要做的事情。

3 設立期限管理員

「完美主義症候群」最大的問題在於沒有「期限感」，安排好上述的時間倒算表之後，你可以找一個同學來擔任期限管理員，負責提醒時間，期限管理員可以設定截止前十分鐘提醒收尾、五分鐘提醒大家做最後檢視，最後，聽到時間管理員叫停時，就得停手。

其實，不論是哪一種比賽，時間到了，選手就該停下來，接受結果。而你也應該把「期限」看成一種規則，在期限之前，盡力做到最好，但是，該結束時，就要結束，並接受最終的成果。

4 團隊合作時，要學習分工

團隊合作的目的，就是讓每個人都有機會參與，除了要分工，還要跟他人溝通、協調，才是你學習的重點。最重要的是，不要害怕犯錯，不必因為犯錯，就否定自己，從錯誤中學習，才有機會不斷的成長、進步。

1. 追求完美是一項優點，但是也要避免「完美主義症候群」所帶來負面的影響。
2. 不必事事追求完美，而是在最重要的事情上，追求完美。
3. 在期限之前，做到最好；但是期限到了，就要結束，並接受結果。
4. 把犯錯當作是幫助自己成長、進步的動力。

延展練習

1. 根據「紅黃綠」法則，將你要做的事分類，找出哪些是需要追求完美的事情。
2. 做任何事情之前，先建立目標，並評估完成目標所需要的時間。
3. 參與團隊合作，寫下你對於分工、授權、溝通、協調四件事的體會。
4. 找出三則「逆轉勝」的成功人士，讀完他們的故事，然後寫下你的心得。

5 痛點
我想事心，
卻總是一個不小心就分心了……

「分心」一不小心就偷走時間，要怎麼防範這個時間的小偷呢？

厚，連這樣都投不進喔？

秉鈞，你來回答這題。
咦？
?
?
1895年啦
1895？
坐下，上課專心。

下課前，把筆記寫完吧！

呼，要專心！

噹噹噹
噹々
抄完筆記的，自行下課。

來了啦。

打球啦！
搶球場，不等你了。

秉鈞家

哈哈哈

寫作業不要一邊看電視。
回房間專心寫啦。
喔。

看看臉書好了。

哈哈，
明軒在搞什麼啊？
對了，跟小艾借的小說還沒看完。
路易絲，我不能連累你。
不，我跟你走。
這部片我看過，結局是……
專心讀書啦！

如果你是秉鈞，你會怎麼做呢？

1. 做自己最重要，除非發生嚴重的問題，否則不會改變自己。
2. 會反省自己，盡量要求自己要專心。
3. 盡量到圖書館念書，強迫自己專心。
4. 向讀書高手請教不分心的技巧，訓練自己專心一致。

看起來，秉鈞容易分心的毛病還滿嚴重的。

因為分心，同一件事，別人也許只要二十分鐘做完，你卻得花上一個小時，不是因為你的動作慢，而是你的心思總是會飄到別的地方上。

如果，你始終無法專心一致，最後就會發現自己虛耗了許多時間在無關緊要的小事上，而且重要的事也沒有做好。

如果你選擇的答案是一，代表你沒有意識到分心會帶來嚴重的後遺症，長期這麼下去，不論課業、社團或是人際關係，都可能會拉警報。

如果你選擇的答案是二，代表你開始思考分心的嚴重性了，可是，光是要求自己還不夠，你還需要正確的方法。

如果你選擇的答案是三，代表你在一些特定的環境下，可以變得比較專注，不過，你還是需要做一些專注力的訓練，讓自己更能夠不受外力的干擾。

如果你選擇的答案是四，代表你有心想要打敗容易分心的毛病，那麼，該怎麼做，才能告別「三心二意」，讓自己專心一致，有效的利用時間呢？

為什麼要學習專注？

你是否好奇，上天很公平的給了每個人一天二十四個小時，為什麼有些人可以在時間充裕的狀況下，完成事情，然而，有些人每天忙來忙去，總是覺得時間不夠用，而且事情還是做不好呢？

差別在於，前者知道怎麼對付「時間的小偷」，後者則讓「時間的小偷」偷走了許多寶貴的時間。

「時間的小偷」有很多種，「分心」就是其中的一種。

舉例來說，在專注的狀況下，完成一份數學作業，你大概只需要一個小時，但是，由於分心，你花了兩個小時才完成，等於白白被偷走一個小時。

你曾經想過，自己為什麼會分心嗎？造成分心，主要有以下四個原因：

- **你對所做的事沒有興趣，或是缺乏熱情，因此很難投入其中。**
- **容易受到外界的干擾，包括電視、電話、網路或是外界的聲音，都可能分散你的心思。**
- **缺乏時間的急迫感，因此比較不容易專心，相反的，當你要求自己必須在一定的時間內完成某件事，在壓力之下，很自然就會全神貫注。**
- **疲倦、體力不濟，造成注意力無法集中。**

如果，你一直任由「分心」偷走你的時間，最後你發現自己筋疲力竭，花了很多時間，結果事情却都沒有做好。

CHECK

你總是容易分心嗎？

	是	否
1. 同一件事，我會花比別人更久的時間，才能完成。	☐	☐
2. 我很容易受到外界的干擾。	☐	☐
3. 我很難在椅子上安靜的坐上一個小時以上。	☐	☐
4. 我常常在讀書時，同時還聽音樂、上網或做別的事。	☐	☐
5. 我經常花時間在瑣碎的小事上。	☐	☐
6. 我經常事情做了一半，又開始做另一件。	☐	☐
7. 我不會特別意識到時間的存在。	☐	☐
8. 我做事時，經常想到什麼，就做什麼。	☐	☐

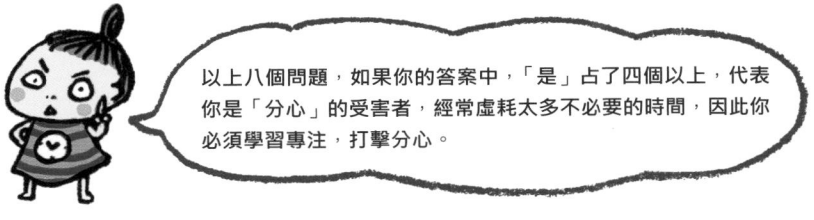

四大策略，打擊分心大作戰

當你在做自己喜歡、感興趣的事，通常就會全神貫注，自然不會有分心的問題。不過，面對自己不是那麼喜歡、卻又不得不完成的事，比方說，讀書、寫作業，你應該採取以下幾個打擊分心的技巧：

1 斷絕外界的干擾

一個人的專心程度，跟空間與環境中的干擾因素息息相關。因此，你應該先在紙上列出最常受到哪些事情的干擾，以及你該如何斷絕這些干擾，然後徹底執行。（如左表）

打擊干擾源對策表

干擾源	斷絕的對策
手機（會跟好友講電話）	關機。
網路 （會上臉書，或在網路上閒逛）	關掉電腦、拔掉網路線。
電視（聽到聲音，會想去看）	關上房門， 請家人將電視聲音轉小， 或是選擇在沒有電視干擾的環境 （如圖書館）下讀書。
漫畫、電玩	將漫畫、電玩收在你看不到的地方。

2 計時訓練

首先，以十五分鐘為一個單位，設定完成進度，比方說，做完五頁的參考書內容，或是三道數學題。找一個有倒數功能的鬧鐘設定在十五分鐘後響鈴，接著開始執行你所設定的目標，盡可能要求自己要在鈴響時完成。進度不必訂得太多，重點在於可以達成，並且產成時間急迫感。

當你已經習慣在十五分鐘內完成預定的進度，再慢慢的延長為二十五分鐘，持續練習後，你就能在限定的時間內完成進度，不被分心打敗。

計時訓練圖

一個十五分鐘
做完三道數學題
（小時間做小事情）

三個十五分鐘
分批做完一張數學考卷

四個十五分鐘，
分批做完一個單元
數學習作。
（大時間做大事情）

3 用便利貼督促自己

你可以在便利貼上註明你該做的事，或是準備完成的進度，一張寫一件事，貼在你的書桌前，每完成一項，就撕掉一張。你每天要完成的事情可能很多件，我們同樣可以利用先前提過的優先順序規則，以不同顏色的便利貼來標示，例如：紅色代表緊急、黃色重要、綠色普通、藍色有時間再做，然後從紅色的便利貼開始處理。

你也可以搭配上述的計時法，例如：紅色的國文小考需要

準備一個小時才能完成，你可以將內容拆分為兩部分，再設定兩個二十五分鐘的鬧鐘，分批讀完，每二十五分鐘休息五分鐘，以維持自己的專注力，盡量在兩個鬧鐘響完時，完成國文小考的功課，然後給自己十分鐘的長休息，再繼續下一個功課。

4 共學夥伴，相互督促

要克服分心的問題，除了毅力，也需要有人陪伴，一起並肩作戰，你可以找一、兩位要好的同學，組成讀書小組。設定進步的目標，一起制定讀書計畫，每天一起讀書一、兩個小時，利用這個共讀的時間，一起完成比較困難的作業，相互提醒、督促，效果會更好。

番茄鐘工作法

法蘭西斯科・西里洛（Farncesco Cirillo）在1987年9月為了完成一章課堂測驗的準備，設定了第一個番茄鐘，計時兩分鐘。因為這個舉動，讓他從「一定得要通過考試」、「時間已經不多了，而他還有三本書沒有讀」、「讀不完了怎麼辦？」等重重焦慮之中解脫出來。而後他發展出一個增進效能的「番茄鐘工作法」，有效克服各種容易分心和藉口拖延，幫助自我實現目標的好方法。運作方法如下：

◆**規劃任務**：把要做的事列出清單，一次不要設定太多。

◆**設定番茄鐘**：可以使用任何計時器，像是鬧鐘或手機ＡＰＰ都可以，設定時間為25分鐘並開始計時。

◆**全心專注**：在計時結束前要專注投入，除非是極重要的事才能中斷。

◆**休息與畫記**：25分鐘一到就立刻停下來，休息5分鐘。把已經完成的任務畫掉，或在5分鐘後設定下一個番茄鐘繼續專注，完成四次番茄鐘之後，大休息15～30分鐘。

運用「番茄鐘工作法」幫助自己暫停來自大腦與外界的種種干擾，以定時定量的方式，階段式推進所有想要完成的事。

1. 分心是一種「時間的小偷」，會偷走你寶貴的時間。
2. 澈底斷絕「干擾源」，是打擊分心的必要手段。
3. 培養對時間的急迫感，可以幫助自己集中精神。
4. 找家人、同學一起作戰，打擊分心效果更好。

延展練習

1 記錄每天讀書、做事時，總共使用了多少時間，並計算「分心」偷走了多少時間。

2 在你身處的環境中，什麼是造成你分心的「干擾源」？該如何對付？

3 每天開始讀書前，把當天必須完成的進度或作業列出清單，用便利貼提醒自己。

4 跟朋友相約碰面時，嘗試以「分鐘」為單位，比方說，三點十九分，讓自己的時間感變得更為敏銳。

6 痛點
東西又找不到了！
我老是花時間在找東西……
？

東西要用的時候老是找不到，要怎樣才能讓東西都就定位呢？

小艾，我的書……
什麼？

上次借你的書，先還給我吧。
我要用。

唉！

好，等一下，我先找一下茵茵的東西。

早晨
唧唧
唧
你在幹嘛？快點來吃早餐。
媽，你有沒有看到我的手機？
昨天不是放在書架上？
真的耶，太好了。
07:1
早餐呀！
遲到啦！

下課時間
要不要一起去福利社？
好，我拿一下錢包。
？
找到了！
嗶嗶嗶嗶嗶嗶嗶嗶嗶
啊，上課了
對不起。
沒關係，下節再去吧。

音樂課
老師說要借練習室練合唱。
門怎麼還沒開？
誰開門？
學藝股長？
音樂練習室
小艾？
鑰匙在我這。
我來開門。
鑰、鑰匙呢？
明明上節課才借的……
小艾……
又來了！
小艾真糊塗！

如果你是小艾，你會怎麼做？

1. 雖然覺得很煩，但是眼不見為淨，東西照樣亂放，下次要用時，再找吧。
2. 請家人幫我整理。
3. 嗯，整理東西真的很重要，不過，有時間再做吧。
4. 捲起袖子，開始整理凌亂的房間。

找東西，真是耗費精神，又浪費時間。看到小艾老是花時間在翻找東西，說不定你也有類似的困擾。

每到緊要關頭，東西不是忘記帶，就是找不到，花了好多時間在找東西，弄得自己和身邊的人都人仰馬翻，過不久，類似的情況又會再上演一次。

如果你選擇的答案是一，你可能認為整理物品太浪費時間了，但是，下一次當你需要時，卻得要花更多時間在找東西上，結果沒有時間去做自己該做的事情。

如果你選擇的答案是二，請家人幫你整理，的確可以節省一些時間，可是，如果你不知道家人把東西收到何處，下次找東西時，又得要麻煩家人了，同樣也會耗去不少寶貴的時間。

如果你選擇的答案是三，代表你體認到了整理、收納的重要性，但是拖延著不去整理，真正要找東西時，又得開始傷腦筋了。

如果你選擇的答案是四，代表你為了打擊混亂，準備要付諸行動，但是，你知道該怎麼整理、收納物品，才能獲得最佳的效果嗎？

為什麼要養成整理、收納的習慣？

找東西也是一種很常見的「時間的小偷」，別以為找東西不過只花五分鐘、十分鐘，如果你經常花時間在找東西，這些零碎的時間加起來也非常可觀。

如果，你經常花時間在找東西，代表你可能有以下三個問題：

- **懶惰**：或許你也很想生活在井然有序的環境中，但是遲遲沒有採取行動，而持續讓自己活在混亂中。
- **缺乏紀律**：每當你看完一本書，隨手一擺，沒有放回書架上，或是用完文具，也是隨處一放，沒有物歸原位的習慣，就是缺乏紀律，日積月累，就形成了混亂。

做事沒有規畫：如果你做事時，比較沒有秩序的觀念，不擅於有條不紊的安排事情，你所處的環境，一定也是一團混亂。

養成整理、收納的習慣，會為你帶來以下三個好處：

◆ **節省時間**：當你需要找東西時，只要記得收納在哪裡，通常很快就能找到，縮短找東西的時間。

◆ **讀書、做事會比較有效率**：當我們身處在一個混亂的環境中，不但要花時間找東西，也容易分心，相反的，當我們在一個整齊、清爽的環境中，思緒會比較集中而清楚，不論是讀書或是做事，效果都會比較好。

◆ **訓練自己過有秩序的生活**：整理、收納物品的目的，就是要打擊混亂，當我們學習建立有秩序的環境，無形之中，也是一種讓生活變得井然有序的訓練。

CHECK

你是混亂一族嗎？

	是	否
1. 我的書桌非常雜亂無章。	□	□
2. 東西用完之後，我習慣就這麼擺著。	□	□
3. 每件東西都很有紀念價值，我捨不得丟。	□	□
4. 我的抽屜塞滿了東西，關都關不上。	□	□
5. 出門時，經常會忘掉鑰匙、錢包、手機。	□	□
6. 我經常找不到東西。	□	□
7. 我總是得花很長的時間找東西。	□	□
8. 我只有在年終大掃除時，才會整理房間。	□	□

以上八個問題，如果你的答案中，「是」占了四個以上，代表你平時缺乏整理物品的習慣，經常將時間浪費在找東西上，因此你必須學習收納整理術。

四大類型，對抗混亂大作戰

造成混亂的原因有很多種，除了前面所列出的普遍都有的狀況之外，一個人的個性與習慣也很有影響喔。不同性格的人有不同的混亂狀況，為了對治你的混亂情形，先來看看你的混亂狀況屬於哪一種類型，接著再來對症下藥，相信很快可以讓你的生活井然有序。但最重要的關鍵是，你必須跟著方法持續不斷的改善，努力克服自己的問題點！

請根據左表的四個情境，分別找出最符合你的描述：

你也是阿雜王子、亂室佳人嗎？

早晨 7 點，該起床了，你……		
A	B	C
鬧鐘響翻天 我什麼都沒聽到， 繼續夢周公	氣沖沖下床 氣沖沖刷牙 氣沖沖的穿衣服	按掉鬧鐘再睡五分鐘 媽媽叫了，再睡五分鐘 然後，無數個五分鐘……
上學要遲到了，你……		
A	B	C
悠閒享受美味早點， 完全忘記今天要上學	肚子痛、頭痛、心情不好 找盡各種理由不想去學校	走到門口，忘記帶書包 坐到車裡，忘了帶作業…
你的房間亂七八糟時……		
A	B	C
看了一下，很認真的 說：「不亂啊！」	說等一下就收， 然後繼續埋首電腦、公仔 或漫畫裡，永遠不整理	金玉其外，敗絮其中， 如果你能打開衣櫃或抽屜 的話……
睡覺時間到了，你……		
A	B	C
沒人提醒的話，永遠 不知道時間有多晚	每天都陷在功課泥沼裡， 哪有時間睡覺？	已經很晚了， 卻一點都不想睡， 要你去睡覺比登天還難

（※ 整理自《親子天下第四十一期》）

1 選項A多—無感型：

你對外在比較沒有覺知，雖然常常找不到東西，但大部分的時間並不覺得生活或者環境很混亂。

◆你的解決方案：養成物歸原位的習慣

如果你是屬於無感型的人，可以請爸媽跟你一起整理一次房間，把整理前的房間跟整理後的房間都拍照，前後對比一下，感受什麼是「井然有序的房間」。整理之後，將照片貼在房間最顯眼的地方。

接著，你需要養成物歸原位的習慣，否則很快房間就會恢復原來的混亂。平時要有「隨手之勞」的習慣：隨手物歸原位、隨手將掉落在地上的東西撿起來，隨手將不要的東西扔掉，這些小動作會幫助你維持環境的整齊和秩序。

每隔一段時間檢視一下現在的房間跟剛整理好的房間有什麼不同，把混亂的地方再做整理，很快的你就能維持良好的習慣，不再花時間找東西啦！

2 選項B多—逃避型

你比較不喜歡受到約束，常常會找藉口避開自己不喜歡的事情，像是整理東西、物歸原位的規則，讓你感到不耐煩，不想遵守，經常因此跟父母、師長產生摩擦。

◆你的解決方案：立刻去做，從最簡單的開始

如果你是屬於逃避型的人，要你整理收納物品，你可能會覺得很麻煩，想逃走。這時，你可以根據下頁這張表格，先填上你認為自己最需要整理的三個地方，例如：書桌、床鋪、書包。接著，想一想，如果這些地方整理乾淨，會有什麼好處？然後診斷你的這幾個地方，並且給予改善的方法。

我的環境診斷表

需要整理的地方	整理的好處	改善的方法
書桌	① 寫功課比較輕鬆 ② 找文具比較方便	① 把文具分類收到抽屜裡 ② 把書整齊疊好
床鋪	① 睡覺時比較舒服	① 把棉被折好 ② 床上的玩具放回擺子上
書包	① 可以馬上找到東西 ② 要帶的東西不會漏掉	① 把書包裡的垃圾拿出來 ② 筆全部收進筆袋裡

填好這張表格之後，你最需要的就是立刻著手整理。整理、收納東西，的確需要一些時間，只要你越早開始進行，做起來越不費力，也耗費較少的時間。從簡單的部分先做起，你會發現整理一點都不困難！每天持續下去，你就能擺脫阿雜人生！

3 選項 I 多—敷衍型

你覺得事情有做就好了，如果需要整理東西只要往抽屜、櫃子裡塞，外面看起來乾乾淨淨就好。

◆**你的解決方案：擬定確實的收納計畫**

如果你是屬於敷衍型的人，你需要的是確實的收納計畫，來一次環境大整理。你可以這麼做：

1、分類物品：首先，仔細觀察一下你需要整理的書桌、房間，將其中的物品分成「書本」、「文具」、「紙張」、「雜物」、「衣物」等不同類型。

2、根據分類進行收納：根據你所建立的分類，將物品收納到書架、抽屜、紙箱，或是收納箱中。收納的目的，就是讓每件物品有「定位」。比方說，你將文具收納進抽屜中，這個抽屜就是文具的「定位」，以後你只要用完文具，一定要放回定位。你可以在每個箱子、抽屜寫上這個「定位」，提醒自己，當你要放文具時，就要放回這個位置，當你要找東西時也可以按圖索驥，非常方便。

3、丟棄不需要的東西：多餘的東西，例如：你覺得很漂亮的蛋糕盒、喝完牛奶以後的玻璃瓶等，往往只是占用了我們生活的空間，請丟棄所有不需要的東西。

如果你實在捨不得丟，也可以統一收在某個箱子中，一段時間之後，再考慮要不要丟。盡量避免讓這些用不到的東西，堆積在你經常使用的空間中。記得，就算放在箱子裡，也要擺放整齊喔！

4 A、B、C都有—問題重重型

你的生活一團糟，掉進了亂七八糟的漩渦裡，日子總是在混亂中度過，每天都像打仗一樣。

◆你的解決方案：擬定急迫清單

如果你是屬於這種混亂級數最高的類別，你最需要的是擬定一份急迫清單，進行搶救混亂大作戰。你可以跟父母一起討論，先找出「最需要管理的」四樣習慣。按照底下的表格作一份「新生活改善表」。你可以每天找一個時間，確實記錄與檢討昨天執行的狀況。你可以找來幾個小印章，完成的部分給自己按一個讚，未達成的部分則要想辦法努力改善。當你連續一週每天都能完成這些事項時，記得給自己一個獎勵，並且重新檢視自己的環境，找出其它需要改善的地方，再繼續進行。

「我的新生活改善表」

時間：102.5.1

目標	完成	未完成	自己的評語
起床後折好棉被	●		好簡單，只花 30 秒就完成，讚！
30 分鐘內出門		●	不小心賴床五分鐘，明天要提早
用完的東西放回定位	●		作勞作時，很容易就拿到膠水與刀片，沒有再一直找東西，樂！
睡覺前確認收好明天要帶的東西		●	作業寫太久，忘記收了，結果作業忘記帶，又請媽媽跑一趟。明天一定要澈底執行！

1. 找東西也是一種「時間的小偷」，偷走我們做重要事情的時間。
2. 經常花時間在找東西，代表你的生活處於混亂之中。
3. 打擊混亂的第一步，就是「立刻去做」。
4. 養成物歸原位的習慣，才能長期維持整齊、有秩序的環境。

延展練習

1 在三天之內，重新整理你的書桌或房間。

2 準備文件夾，將不同科目的講義、資料，分門別類整理好，並貼上標籤註明。

3 整理你的書包或是包包，將鑰匙、錢包、手機等重要物品，找到「定位」。出門之前，再檢視一遍。

4 想一想，在平常生活中，還有哪些「時間的小偷」在偷走你的時間？你該怎麼對付它們？

痛點 7
考前我總是很慌亂，
這麼多科目不知道該怎麼準備……

考試科目這麼多，
怎樣才能有效又全
面的準備？

下週要月考了。
才讀一遍而已。
好緊張怎麼辦？

至少要複習三遍啊……

茵茵你有黑眼圈，
昨晚又熬夜了喔？

熬夜也讀不完啊！

小艾複習得怎麼樣？

呃……
一科都沒讀完……

問問看男生。
秉鈞，你月考準備好了嗎？
每科都看了開頭，
然後就睡著了。

明軒呢？
都準備好啦！

哇，怎麼可能？
怎麼辦到的？

國文天天在講，不用念。
數學用算的，不用念。
英文ABC我都會，歷史直接放棄。

哈哈哈
你根本沒準備嘛！

數學、英文、地理……
要先讀哪個呢？

最難的數學先好了。

……
不，還是最擅長的地理先好了。

……
還是數學先。

哇啊！
怎麼辦？

月考是吧？
先冷靜坐下來。
平常就要做重點整理。
考試前複習重點就好了。
首先，把課本和行事曆拿出來。
哇～～得救了！
好了，別盯著我了，快點去讀書吧！

如果你是他們，你會怎麼做呢？

1. 考試前一晚，拚命完成所有的進度。
2. 反正再怎麼計畫，一定還是做不到，放棄吧。
3. 為了考第一名，要求自己每一科都要複習五遍以上。
4. 努力安排考前準備計畫，並請家人或老師提供意見。

眼看著明天就要考試了，還沒念的書那麼多，說不定又得挑燈夜戰了，真讓人緊張不已。

像茵茵雖然事先做了考前準備的規畫，還是念得好辛苦，至於小艾根本沒規畫，難怪考試前夕急得像熱鍋上的螞蟻。

如果你選擇的答案是一，臨時抱佛腳，或許會產生效果，但是考試時，你也可能因為睡眠不足，造成精神不濟，影響了考試成績。

如果你選擇的答案是二，代表你提前放棄了自己，考試的結果當然就不太理想。

如果你選擇的答案是三，你對自己有很高的期許，值得鼓勵，但是進度訂得過於嚴苛，反而會增加執行的難度。

如果你選擇的答案是四，在家人或老師的建議下，會讓你的計畫更完善，只要你確實執行，相信應該會有不錯的成績。

為什麼要做考前準備計畫？

你可能會發現，當考試日期逐漸逼近，每個同學的反應都不太一樣。

有人變得好緊張，拚命抱著書苦讀，也有人變得好慌亂，帶著黑眼圈來參加考試，不過，也有人始終很沉著鎮定，考試前一天也沒有熬夜。結果，成績揭曉時，那個看起來最輕鬆的人，居然考得最好。

原因就在於，他做了很完善的考前準備計畫。

考試會為我們帶來很大的壓力，如果事先沒有考前準備計畫，難免會因為壓力的影響，心裡感到又煩又亂。

相反的，預先做好考前計畫，會有以下幾個好處：

- ☑ **可以有效率的運用時間，不見得要花非常多的時間讀書。**
- ☑ **可以掌握進度，不會到了考前還念不完。**
- ☑ **生活作息正常，不必因為要臨時抱佛腳而熬夜苦讀。**
- ☑ **胸有成竹，不會感到焦慮不安。**

如果，你總是為考試成績不理想而苦惱，就一定要學會安排完善的考前準備計畫。那麼，你知道該怎麼做嗎？

CHECK 你有「考前慌亂症」嗎？

	是	否
1. 考試前一晚，我總是得熬夜讀書。	□	□
2. 我平時沒有做讀書計畫的習慣。	□	□
3. 考前才發現要讀的書這麼多，不知道從何做起。	□	□
4. 準備考試時，經常處於「念不完」的壓力下。	□	□
5. 只要到了考試前夕，就會變得焦慮不安。	□	□
6. 考試前，我經常一科沒念完，又開始念另一科。	□	□
7. 考試前，我的書桌上總是雜亂的堆滿了課本和參考書。	□	□
8. 雖會規畫考前讀書計畫，最後總會發現自己做不到。	□	□

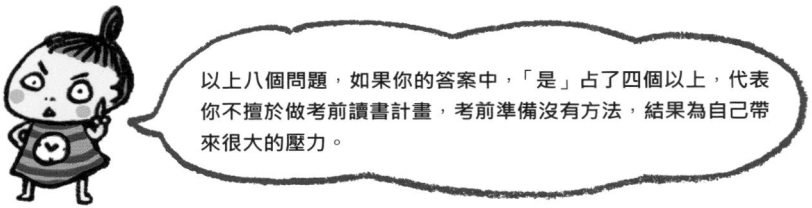

三步驟，「考前恐慌症」BYE BYE

如果你想趕走「考前恐慌症」，請根據以下三個步驟，按部就班地規畫你的考前讀書計畫：

1 建立明確的目標

不管做任何計畫，第一步必定是從建立目標開始，而且必須是明確、具體的目標。舉例來說，如果你的目標是「希望這次考試，成績會比上次進步」，或許可以調整為「希望英文能比上次進步十分」，或是「希望每一科的分數，都能超過上一次的成績」。

目標的設定是否明確，會影響計畫是否有效，所以一定要建立清楚、具體的目標。

2 寫出為了達成目標所應該做的準備

想一想，如果要達到你的目標，你該怎麼做？如果你上次英文成績不太理想，問題出在哪裡？是單字背得不夠多？還是文法不夠熟？這次你應該補強那一個部分？

如果你希望每一科成績都能超越上一次，你要該做些什麼事？比方說，課本要多讀幾次？或是多做幾次參考書練習？

請你把為了達成目標所必須做的事，全部寫下來。

接著，建立你的考前準備實踐表，並設定優先順序，如下表。

考前準備實踐表

優先順序	我的目標	考前準備事項	確認
第一位	數學進步 15 分	完成數學練習題（共三次）	✔
第二位	英文進步 10 分	複習英文文法講義（共四次）	✔
第三位	國文進步 10 分	讀國文課本、參考書（共四次）	
第四位	英文單字要全對	熟背英文單字（共五次）	
⋮	⋮	⋮	
⋮	⋮	⋮	

3 決定時間的分配：設立考前三週讀書計畫

考前的慌亂主要來自於要考的科目很多，範圍又很大。除了針對我們想要達成的目標進行加重訓練之外，其他的科目也要兼顧，如果你能好好安排時間，就能降低壓力，減少慌亂。以一次段考的準備為例，你得建立自己的考前三週讀書計畫。

為什麼要從考前三週開始準備起？所有的課業，如果你能從每日的學習與複習中逐漸累積，那麼你需要用來準備考試的時間，就會大大的降低。考前三週的讀書計畫，其實就是一個複習的過程，透過三週的累積，到考試前你應該就已能完整的

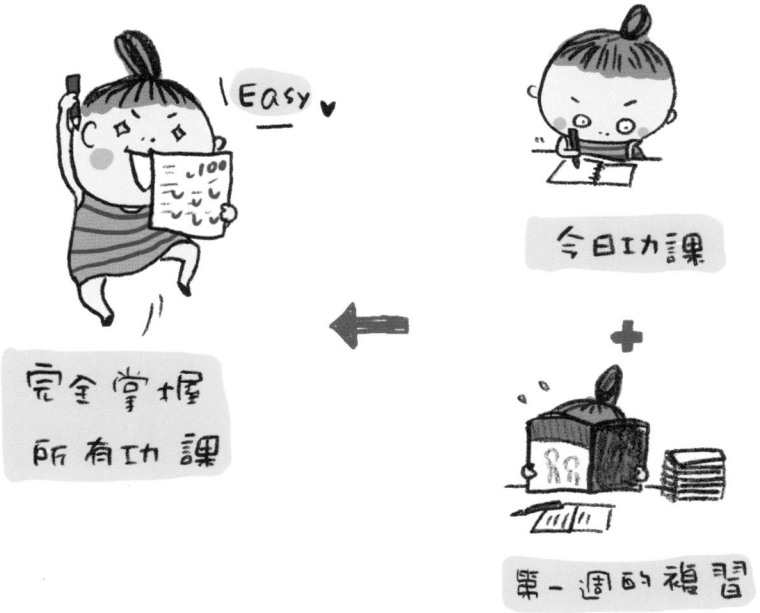

掌握考試的內容。

建立三週讀書計畫時，你可以掌握幾個原則：

◆ **最弱科目分配多一點時間**：你可以根據前面所設定的目標分配時間來安排，最弱的科目，例如：你的數學最差，那你要每天都安排一個時間來算數學。重點科目，例如：國、英、數，也要分配多一點的時間。

◆ **根據課表安排進度**：究竟要安排哪一科？你可以搭配課表來決定，例如：週一有英文與國文課，而晚上你只有兩個小時可以利用，你就可以這樣安排。三十分鐘複習今天英文與國文上的新進度。接下來一個小時複習舊的內容，例如：二十五分鐘，背誦英文單字、閱讀英文文法講義。二十五分鐘，複習國文一～二課。最後的二十分鐘算數學講義。

◆ **保留空白時間**：每週要留下一段空白的時間，例如週六或週日的時間，用來讀完之前沒有讀完的進度。切記，如果當天沒有讀完，請記下進度即可，但不要延至隔天，否則你的整體進度就會不斷拖延，你也會落入不斷修改計畫的惡性循環中。

考前三週讀書計畫

考前三周 日期 / 時間	一	二	三	四	五	六	日
19:00 ～ 20:00	做功課	做功課				空	空
20:00 ～ 21:30	今日 國文	今日 英文	……	……		白	白
21:30 ～ 22:00	第一週 國文	第一週 英文	……	……		時	時
22:00 ～ 22:30	數學	數學				間	間
考前二周 日期 / 時間	一	二	三	四	五	六	日
考前一周 日期 / 時間	一	二	三	四	五	六	日

電學之父法拉第說：「上課最重要的就是做筆記。」這裡指的筆記不是抄老師的講義，而是做自己的筆記。意思是，如果你上課專心，能融會貫通，那麼你就能完全的吸收知識，不用再花很多的時間去另外準備功課了。

1. 缺乏考前準備計畫，是造成「考前恐慌症」的主要原因之一。
2. 事先做好考前準備計畫，可以有效率的運用時間，考前也不必熬夜苦讀。
3. 安排每天的讀書進度時，最好是在能力範圍內，又能帶給自己一些壓力。
4. 規畫考前準備計畫時，要從考前三週開始，搭配課表一起安排，效果更佳。

延展練習

1 想想看，日常生活中，有哪些零碎時間可以用來分擔簡單的功課？

2 準備一本重點筆記本，將每一堂課你在課堂上聽到的重點記錄下來，回家後謄寫到該科目的筆記本上。

3 想想看，除了讀書之外，你還可以為自己生活中的哪些事進行事先的規畫？（提示：旅行、社團活動）

4 列出生活中這三個月內你最想達成的三個目標。

考前準備實踐表

好用小工具

優先順序	我的目標	考前準備事項	確認

考前三週計畫表

考前三週 日期／時間	一	二	三	四	五	六	日
考前二週 日期／時間	一	二	三	四	五	六	日
考前一週 日期／時間	一	二	三	四	五	六	日

8 痛點

我很認真做了規畫，

但總是沒有辦法好好執行……

為什麼計畫老是在變化？要怎樣才能有效執行？

!! YA
考完了！

今天約了宜潔姊姊來教我們時間規畫，
趁考完開個檢討會。
咦？不是慶功宴嗎？

下次月考就不會慌慌張張了，對吧？小艾。

恩，這張時間表真的很重要。

上次請大家做的複習時間表，
有帶來嗎？

請先看我的。

茵茵，你常熬夜
18:00
19:00
20:00
作業
晚餐
英文
作業
晚餐
歷史
地理
生物
數學
預習
國文
事情還是做不完吧？
嗯，宜潔姊姊怎麼知道？

安排太密集，學習效果會不好，精神壓力也很大
休息的時間一定也要安排進來。

這是我的。
FB
看動畫
作業
寫作業
FB
預習
作業
網遊
英文
FB
網遊
歷史地理
班
看動畫
寫作業
秉鈞有安排休息，
但交錯在一起，學習會被打斷喔。
玩了遊戲就不會想繼續讀書了吧？
明軒的計畫表
打球
晚餐
電玩
打球
晚餐
作業
電玩
打球
晚餐
作業
電玩
打球
晚餐
作業
打球
晚餐
作業
明軒你……
很規律吧！
多安排些學習的時段吧。

小艾你呢？
吁
吁
修改好多次，
最新版是哪一張……
依情況調整是很好，
最重要的是確實執行啊！
希望大家學會好好利用時間，
今天我請客吧！
謝謝姊姊！
好耶！！
啪
啪

如果你是他們，你會怎麼做呢？

1. 一定是計畫做得不夠好，決定再花點時間來規畫。
2. 嚴格要求自己一定要照著計畫進行，絕對不能再發生失誤。
3. 既然計畫無效，還是考前再抱佛腳好了。
4. 記錄自己一天的作息，持續一個星期，找出無法執行計畫的原因。

就算是做了最完善的計畫，如果你無法要求自己確實執行，結果還是一樣，該讀的書沒讀完，該做的事沒做完，而且還花了很多時間在不重要的事情上。有時候，則是計畫趕不上變化，明明今天晚上安排了進度要念，因為其他的事耽擱了，整個計畫都亂掉了。像茵茵和小艾經過上次經驗，這次都認真的做了考前準備計畫，可是，結果似乎都不如預期。

如果你選擇的答案是一，代表你的計畫或許需要調整，除了自己檢討，最好也能請師長、家人幫你看看。

如果你選擇的答案是二，養成自律，要求自己確實執行，是正確的決定，但是若是計畫定得過太嚴苛，勉強自己做到，可能帶來很大的壓力。

如果你選擇的答案是三，在缺乏事先計畫的狀況下，還是很容易發生書念不完，造成成績不佳的結果。

如果你選擇的答案是四，檢視過自己運用時間的方式，了解自己在哪些不必要的地方浪費了時間，做事的效率提高了，自然就能夠按照進度，完成你的考前準備計畫。

為什麼總是無法按照進度執行計畫？

你可能也有類似的經驗：剛開始做計畫時，對於每天應該完成哪些進度，自信滿滿，可是，進行到一個階段，就發現很多進度無法按照計畫如期完成，最後只好半途而廢。

為什麼做了計畫，最後卻無法完成呢？可能有以下幾個原因：

◆計畫太困難

為了要準備充裕，結果替自己安排了太困難的計畫，比方說，要在一小時內做完三十題數學題，超過了自己的能力範圍，當然最後就無法完成計畫。

◆花了太多時間在修改計畫

因為生活中經常有計畫趕不上變化的突發狀況，或者你因為計畫太困難了，導致無法施行，卻又希望可以認真的規畫執行，於是你就會不停的在重新修改計畫，造成有計畫卻總是在變化的窘境。

◆對計畫執行沒有信心

就像很多人經常立志要減肥，但要明顯瘦下來卻不是一兩天可以達成，很多人在短時間內沒有看到立即的成效，就會對自己的計畫沒有信心，然後放棄計畫，課業也是一樣，如果一兩次考試沒有明顯的改變，你就會對執行計畫失去信心，進而自暴自棄。

◆被「時間的小偷」偷走了時間

原本是一個小時該讀完的英文文法，因為你不夠專心，才讀了十分鐘，就開始上網，或是看起漫畫書，拖了兩個小時才讀完，造成後面的進度無法完成。

◆不懂得利用零碎時間

生活中，其實有很多零碎的時間，可能是五分鐘、十分鐘，看起來不多，加起來其實很可觀。有效利用零碎時間，可以提升讀書、做事的效率，有助於如期完成進度。

CHECK 你的計畫執行指數有多高？

	是	否
1. 事前計畫時，我習慣將事情排得很滿。	□	□
2. 我必須要坐在書桌前，才能開始專心讀書。	□	□
3. 我經常覺得「計畫趕不上變化」。	□	□
4. 雖然做了事前計畫，因為沒辦法做到，只好一直修改。	□	□
5. 為了完成計畫中的進度，我經常感到筋疲力竭。	□	□
6. 每天的時間被切割得很零碎，根本無法按照計畫讀書。	□	□
7. 雖然做了事前計畫，我還是會被其他的瑣事纏身。	□	□
8. 雖然做了事前計畫，但是到了考試前，我還是得熬夜讀書。	□	□

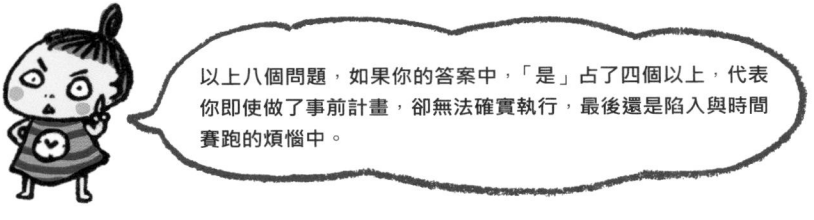

三步驟，提升計畫執行力

檢視，是時間管理中很重要的一個步驟，當你發現你老是無法完成計畫時，你應該依照以下幾個步驟，讓自己確實檢視計畫，找出問題點，重新安排與執行。

1 重新檢視你的計畫

當你老是無法按時完成計畫時，首先你應該要先檢視一下，我是否安排了不合理的進度？例如，背完一課的英文單字，你需要花一個小時，但為了在一天中排進更多的進度，你硬是只安排了半個小時，如此一來，當然無法完成，只好不斷的改變計畫，還為自己帶來太大的焦慮感。所以請記得，有多少時間做多少事情，不要為了安排很多進度，而讓計畫無法實現。

另外，在執行計畫時，難免有突發狀況，造成無法如期完成，所以你在一週之中，至少留下一到兩個彈性時段，用來彌補之前沒做完的進度。

2 建立「一週作息檢視表」

當你的時間安排合理，卻仍然沒有辦法如期完成，這時你可以利用「一週作息檢視表」，以半個小時為單位，將你從起床到睡覺之間的作息記錄下來，持續進行七天，檢視自己運用時間的方式。找出妨礙計畫進行的原因，最後再重新安排一次你的計畫。

一週作息檢視表

時間	星期一	星期二	星期三	星期四	星期五	星期六	星期日
6：00							
6：30							
7：00							
7：30							
8：00							
8：30							
9：00							
⋮							
等等							

透過「一週作息檢視表」，你可以了解自己都把時間花在哪些事情上了，哪些時間是被「時間的小偷」偷走，又有哪些零碎時間可以利用，再重新調整一次你的計畫。

3 運用「成功日記檢視法」

檢視可以幫助我們找出問題的癥結點，正面的檢視，則會讓我們提高自己的信心。所謂的成功日記就是一種正面的檢視。請你準備一本筆記本，每天利用早上三分鐘的時間，例如：到學校開始早自習的前三分鐘，靜靜的回想，條列出五點你覺得昨天做得很棒的事，不限功課上的事情，只要是能讓你覺得很棒的事，都可以記錄下來。例如：

1. 和喜歡的同學講了五分鐘的話。

2. 幫媽媽做家事，被爸爸稱讚。

3. 規畫的讀書進度都有完成。

4. 國文小考進步五分。

5. 在公車上讓座給一個老婆婆。

也許你覺得這些日常中的事情看起來平凡無奇，或是每一天好像都不知道在幹嘛。透過每天持續的書寫成功日記，一天只要三分鐘的時間，慢慢累積下來，你會發現你的生活其實非常精采而豐富，也會發現每天完成的事情超乎你想像的多。如果你願意，也可以在每一天的成功日記為自己寫一句「正面積極的鼓勵話語」。

每天寫成功日記，可以幫助你累積對執行計畫的信心。要記得，許多的成績都是靠著小小的努力不斷累積而來的，就算短時間內看不到成果，你也可以透過前面的方法，檢視→規畫→再度行動，然後充滿動力的去執行每一天的計畫！

開始行動
安排時間
計劃表
檢視

1. 透過「一週作息檢視表」，有助於了解自己運用時間的狀況。
2. 有效的利用零碎時間，可以提升讀書、做事的效率，有助於如期完成進度。
3. 每一週至少留下一到兩個彈性時段，彌補之前沒做完的進度。
4. 每天早上利用三分鐘撰寫成功日記，能讓自己更加快樂自信的面對每一天。

延展練習

1. 找出你每天的零碎時間，在這些零碎時間內，你該做什麼？
2. 想一想，除了「分心」和「混亂」，還有什麼事會影響你的時間運用？
3. 建立「一日生活計畫表」，執行之後，寫下心得。
4. 上網搜集讀書高手的資料，了解他們平時如何讀書、準備考試，並寫下心得。

第3章

情境習作

如同我們在觀念篇所提到的，時間管理不是要用計畫填滿你所有的時間，相反的，是希望讓你更有效率的執行你該做的事情，然後空出時間，讓你做自己想做的事。

前面學到了這麼多的管理方法，現在要請你運用前面的方法，把你生活中想做的事、課業上必須要做的事進行整合，然後澈底執行，你會發現課業與生活兼顧的快樂生活，一點都不難喔！

1

三個月內在課業與生活方面你有什麼想要達成的事情嗎？請分別寫出三件並且寫出明確的目標和達成時間。例如：

課業：我的目標

達成時間	事件
3月15日	完成班級壁報比賽作品
⋮	⋮
⋮	⋮

生活：我的目標

達成時間	事件
3月30日	全國演講比賽前三名
⋮	⋮
⋮	⋮

2

請想一想，達成每一件事情的方式與可能會需要的時間，以及你需要的行動，依照優先順序寫下來。例如：

行動名稱：演講比賽

目標：前三名

所需時間：每天練習半小時，持續到比賽前，共30天。

行動清單：

☐和老師一起擬定演講稿

☐背誦演講稿

☐上網研究名人的演講方式

☐在鏡子前練習，至少10次

☐請老師調整姿勢

3

當你把每一件事情所需的行動列好之後，請利用倒算表，規畫完成這件事情所需要的時間安排。從什麼時間開始，和什麼人做什麼事情都要寫下來。例如：

開始時間	日期	時間	所需時間	事項
倒算行動表	週二	16:00～16：30	30分鐘	和老師擬定講稿
	⋮	⋮	⋮	⋮
	⋮	⋮	⋮	⋮
截止時間	下週一	16：00		交稿

4

將第三步驟的時間安排，分別填進你的一週作息表、一個月作息表中。然後按照計畫開始執行。

一週作息表

日期	3/1	3/2	3/3	3/4	3/5	3/6	3/7
星期／時間	一	二	三	四	五	六	日
8：00—9：00							
9：00—10：00							
10：00—11：00							
11：00—12：00							
12：00—13：00							
13：00—14：00							
14：00—15：00							
15：00—16：00							
16：00—17：00	和老師一起討論演講稿						

5 從現在開始，撰寫我的成功小日記。

你可以找一本筆記本，利用每天早上三分鐘，把五件昨天覺得很棒的事情記錄下來。你也可以利用電腦的程式，寫在 WORD 或者 EXCEL 中，使用電腦的好處是可以幫助你日後搜尋。但不管你用什麼方式，重點要持續不斷的寫，一個星期後檢視自己這星期的成功日記，你會發現好有成就感喔！

1.

2.

3.

4.

5.

13 歲就開始❶

給中學生的 時間管理術

一輩子都要擁有的時間掌握力，現在開始學習！

作　　者｜謝其濬
繪　　者｜ YINYIN
插　　畫｜水腦
協力指導｜ iVicon 隱陸達通國際教育事業

責任編輯｜張玉蓉
特約編輯｜游嘉惠
封面設計｜陳宛昀
行銷企劃｜王予農、林思妤

天下雜誌群創辦人｜殷允芃
董事長兼執行長｜何琦瑜
媒體暨產品事業群
總 經 理｜游玉雪　副總經理｜林彥傑
總 編 輯｜林欣靜　行銷總監｜林育菁
主　　編｜楊琇珊　版權主任｜何晨瑋、黃微真

出版者｜親子天下股份有限公司
地址｜台北市 104 建國北路一段 96 號 4 樓
電話｜（02）2509-2800　傳真｜（02）2509-2462
網址｜ www.parenting.com.tw
讀者服務專線｜（02）2662-0332　週一～週五：09:00~17:30
讀者服務傳真｜（02）2662-6048
客服信箱｜ parenting@cw.com.tw
法律顧問｜台英國際商務法律事務所．羅明通律師
製版印刷｜中原造像股份有限公司
總經銷｜大和圖書有限公司　電話：（02）8990-2588

出版日期｜ 2013 年 5 月第一版第一次印行
2022 年 8 月第二版第一次印行
2024 年 8 月第二版第八次印行
定　　價｜ 380 元
書　　號｜ BKKKC206P
I S B N｜ 978-626-305-249-9（平裝）

訂購服務
親子天下 Shopping ｜ shopping.parenting.com.tw
海外大量訂購｜ parenting@cw.com.tw
書香花園｜台北市建國北路二段 6 巷 11 號　電話（02）2506-1635
劃撥帳號｜ 50331356　親子天下股份有限公司

國家圖書館出版品預行編目(CIP)資料

給中學生的時間管理術 : 一輩子都要擁有的時間掌握力, 現在開始學習!/ 謝其濬文 ; YINYIN 漫畫. -- 第二版. -- 臺北市 : 親子天下股份有限公司, 2022.08
192 面 ; 14.8x21 公分. -- (13 歲就開始 ; 1)
ISBN 978-626-305-249-9(平裝)

1.CST: 中學生 2.CST: 時間管理 3.CST: 生活指導

524.7　　111008185

立即購買 >
親子天下 Education · Parenting · Family Lifestyle　親子天下 Shopping
親子天下 有聲故事書